« Pour Chat Paul et Chat Léo. »
N. A.

Loi 49-956 du 16 juillet 1949 sur les publications destinées à la jeunesse
Dépôt légal : premier semestre 2011 – N° d'édition : 19589 – ISBN-13 : 978 2 226 21838 4
Imprimé à Singapour par Tien Wah press

Nicole Amram

Marion Billet

MON CHAT, C'EST LE ROI DES CHATS

ALBIN MICHEL JEUNESSE

Mon chat et moi, on est au lit. Je me réveille et je lui crie :
– Vite ! Il faut que je me lève ! Le week-end est déjà fini !

Il bâille à s'en décrocher les moustaches et il me dit calmement :
– J'arrive pas à croire qu'on est lundi !
Alors que je le dérange, il ne me gronde même pas.
Raoul, c'est le plus gentil des chats.

Je cavale du lit au lavabo.
J'enfile mes habits rapidos.

J'avale ma tartine
en même temps, et après,
je file me brosser les dents.

– Mais pourquoi tu cours comme ça ?
me demande alors mon chat.
Il y a une souris ou quoi ?

Je lui fais un câlin express.
C'est l'heure.
Je dois m'en aller.
Il va falloir le quitter.
Ah ! Vraiment,
je n'aime pas ça.
Je n'aime pas
laisser mon chat.

J'ai toujours peur
qu'il s'ennuie.
Ou bien qu'il ait des ennuis.

Dès que je suis dans l'escalier,
je commence à m'inquiéter.

J'ai complètement oublié
de lui dire pour le rassurer :
« Ne te fais pas de souci,
mon petit Raoul chéri !
Il faut que j'aille travailler.
À tout à l'heure, mon bébé ! »

C'est trop tard !
Je ne lui ai rien dit !
Il va peut-être penser
que je suis parti à jamais.

– Ce matin, nous annonce la maîtresse,
deux enfants ne sont pas là :
Léon et Fatoumata.
Fatoumata a un rhume.
Je pense qu'elle reviendra demain.

Et mon chat ? Et mon chat ?
Sans bonnet, s'il attrape froid
comme cette pauvre Fatoumata ?

Ensuite, la maîtresse nous dit :
– Léon, ce sera plus long,
car il s'est cassé la jambe et il est à l'hôpital…
Aïe ! aïe ! aïe ! Quelle histoire !

Si, en se penchant pour me voir partir,
Raoul est tombé chez la voisine ?
Non, vraiment, je n'aime pas ça,
je n'aime pas laisser mon chat !

Si, comme nous,
il joue à chat perché
et qu'il monte
sur la grande armoire ?

Est-il en train de pleurer
parce qu'il n'ose pas
redescendre tout seul,
comme un pauvre minet ?

Ou bien s'il est tout mouillé
parce qu'il a glissé
dans la baignoire,
sans personne pour le sécher
et lui mettre son peignoir ?

À midi, à la cantine, on se bagarre
pour les frites avec mon copain Sacha.
Alors je pense à mon chat…

Et si le chien de la concierge veut lui voler son repas ?
Un bouledogue, hou là là !
Je n'aime pas laisser mon chat !

Je rêve de Raoul pendant la sieste.

Il est tranquillement installé
sur le linge entassé,
dans la machine à laver.
Mon frère jette ses chaussettes
et ferme la porte sans le voir.

Mon minou malheureux
est prisonnier
dans le noir !
Oh ! là ! là !
Mais quel cauchemar !

– Écoutez l'histoire
que je vais raconter,
nous dit la maîtresse.

Il était une fois, dans la forêt,
un Petit Chaperon rouge
qui se promenait…

Quoi ? Quoi ?
Un petit chat ?
Un p'tit chat
a peur en rouge ?

Raoul ! Qu'est-ce que tu fais là, habillé comme ça ?
Attention ! N'entre pas ! Le loup déguisé en grand-mère !
Il va se jeter sur toi ! Surtout, mon chat, n'entre pas !

En sortant de l'école, devinez ce que je vois.
Je la connais, cette dame-là ! Je l'ai vue au cinéma !
C'est bien elle ! C'est Cruella ! Avec un manteau en peau de chat !

J'accélère à fond ! Je me dépêche !
Cette sorcière ne t'aura pas, Raoul ! Décidément,
je n'aime pas te laisser tout seul, mon chat !

Un camion de pompiers ! Là !
Juste en bas de chez moi !
Je transpire, mon cœur bat !
Je ne veux pas que tu meures.
Non ! Ne t'approche pas du feu !
Pin-pon ! Pin-pon ! C'est affreux !
Oh ! Pitié ! Je n'aime pas ça !
Mon Raoul ! Mon p'tit chat !
Vite, j'arrive mon beau chat-chat !
Je cours à ton secours !

Ne t'inquiète pas !
Ça y est ! Ça y est ! Je suis là !

Il ne m'attend pas
dans l'entrée.

Il n'est pas dans le salon,
ni sur le balcon !

Peut-être dans la baignoire ?
Ou bien dans un des placards ?

C'est bizarre.
Il n'est nulle part !
Peut-être qu'un voleur
de matous l'a emporté
dans sa cabane à trésors ?

Oh ! là ! là !
Je n'aime pas ça !
Je n'aime pas
laisser mon chat !

C'est alors qu'entre mes pieds je le sens glisser.
Je ne sais pas d'où il sort.
On dirait qu'il dort encore.
Il s'étire et me regarde en roulant sur le tapis.

Je le prends dans mes bras,
je le serre fort contre moi et je lui ronronne tout bas :
– Ouf ! Enfin ! Te voilà ! Si tu savais… Oh là là !
J'ai cru que je ne te reverrais pas !

– Peut-on savoir d'où tu arrives ?
demande brusquement mon chat
en m'examinant de haut en bas.

Tu as l'air complètement épuisé.
Tu as le poil ébouriffé.
Tes pattes arrière sont crottées
et puis tu es tout essoufflé.
Où es-tu donc allé traîner ?

Je lui raconte les aventures terrifiantes
que j'ai imaginées toute la journée.

Raoul m'écoute,
puis il miaule, bien fort,
en croisant les bras :
– Les enfants qui rentrent
de l'école ne sont pas
dans cet état !
Où es-tu allé chasser
pour être fatigué comme ça ?
Miaou ! Miaou !
Dis-le-moi !

Alors, et c'est chaque soir
la même histoire,
il faut que je lui dise,
comme si j'avais fait une bêtise :
– S'il te plaît, Raoul,
excuse-moi d'être parti sans toi !
C'est la dernière fois !

Ensuite, on se fait la bise
et on va enfin goûter.
Ouf! On l'a bien mérité!